英語を話す・読む・書くが
一番かんたんに身につくすごい勉強法

英語

JN093836

わかるようになる
瞬間

English

山西治男
Yamanishi Haruo

アスコム

英語を話したい

これは
多くの日本人が抱いている
憧れです。

日本語で考えていることを
パパッと英語に訳せる
すごい方法を知りたい！
なんて思っていませんか？

中学英語さえおさえれば
英語は話せます！

とよく言われますが、

中学英語すら
わからない！

あるいは、

すっかり
忘れてしまった！

という人も多いはず。

簡単なイメージのある
中学英語ですが
いざ、やり直そうと
参考書を読んだり
問題集を解いたりしてみると
意外に難しいもの。

単語やフレーズを覚えるのも
面倒だったりするから
やる気が起きず
挫折してしまうことも。

そもそも
勉強する時間すら
取ることが難しい……
という人もいることでしょう。

それなのに
英語が必要となるときは
突然やってきたりします。

例えば……

● 海外転勤が決まった

● 社内公用語が英語になった

● 海外のクライアントができた

● 海外出張が決まった

● 海外で買い物を楽しみたい

● 外国人に英語で道案内したい

● 外国人の友だちができた　など

もしかしたら
外国人に一目ぼれして
英語でアプローチしなきゃ！
なんてことも起こるかもしれません。

手っ取り早く
とにかく簡単に
英語が確実に話せるようになる
方法はないか？

話すために必要な
中学英語のエッセンスを
ざっくりマスターできないか？

こうしたことを
考えて作られたのが
この本です。

では、どうしたら
英語が話せるようになるのか？

それには
英語と日本語との本質の違いを
理解することが近道です。

英語はなんでも
ハッキリさせたい言葉。

日本語では
「誰が」「何を」「どうするか」
をハッキリ言わなくても
なんとなく伝わりますが、
英語では認められません。

誰のことなのか
何をするのか
どうするのか
ハッキリさせたいのが
英語なんです。

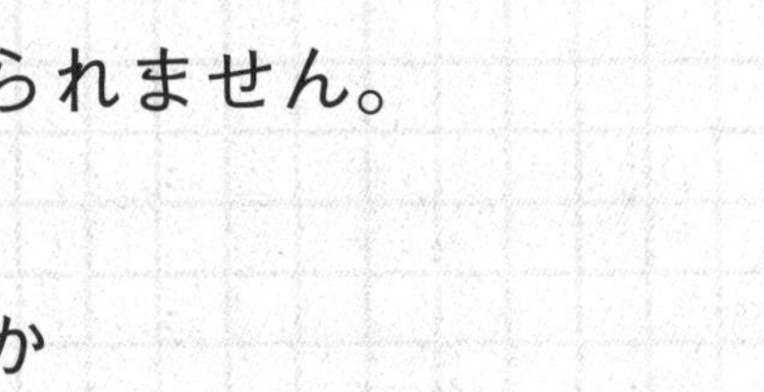

そうなんだ!!

英語にうまく変換できる
装置でもあればいいのに……って
思いますよね。

それが、実は……

あるんです！

それが、

この**3**つの箱!!

1つ目の箱は「誰が」の箱。

1

言いたいことの主人公は
「誰なのか」 ハッキリさせて
箱の中に入れましょう。

2つ目の箱は「どうする」の箱。

2

1つ目の箱に入れた主人公が
どうするのか、どうしたのか
ハッキリさせて箱に入れます。

3つ目の箱は「何を」の箱。

3

1の箱と**2**の箱に入らなかったもの
すべてが入ります。

言うべきことを
3つの箱に入れて整理したら
そのまま英語に訳せばOKです！

ひととおり英文法はやっていて、
英単語も知ってはいるけれど、
頭の中でぐちゃぐちゃだから、
英語が使えない、という
日本人にぴったりの方法です。

3つの箱の使い方がわかると、
ぐちゃぐちゃになっていた英語が
スッキリ整理できます。

使い方がわかったら、今度は、
自分でどんどん使ってみましょう。
5分でもいいから毎日、
3つの箱を使って、
日本語を英語に訳す練習を
してみましょう。

1カ月ほど続ければ、自然に、
3つの箱を使う習慣がつき、
「英語がわかる!」という瞬間が
あなたにも訪れます!

この本では、
英語がなかなか話せるように
ならない主人公「僕」が

先生の英語塾の扉をたたき、
マンツーマンで
レッスンしてもらいながら、

誰でも日本語をカンタンに
英語に変換できる装置、
3つの箱の使い方をマスターし、

英語が話せるようになるまでの
ストーリーをご紹介します。

さあ、あなたも

3つの箱の

使い方をマスターして

「英語がわかる！」
「英語が話せる！」を
実感してください！

Chapter 1　３つの箱の使い方

Chapter 2　１の箱に入れるもの

Chapter 3　**2** の箱に入れるもの

Chapter 4　**3** の箱に入れるもの

登場キャラクターの紹介

僕

とある企業に勤める会社員。英語が大の苦手。
突然、会社の方針で、社内公用語が英語になり、
英語ネイティブの社員が急増して、大わらわ。
一目ぼれして必死にアプローチして付き合い
始めた彼女は、日本語がほとんどしゃべれない。
仕事のコミュニケーションはもちろん、
プライベートでも、できない英語で奮闘中。

先生

僕の英語の先生。
僕の失敗にツッコミをいれ、
何が失敗だったのか、
どうすればよかったのか、
いつもとても丁寧に
わかりやすく解説してくれる。

彼女

僕が一目ぼれして
付き合い始めた女の子。
英語ネイティブで
日本語は話せない。

友だち

僕の
会社の同僚。
英語ネイティブで
日本語は話せない。

Chapter 1

3つの箱
の使い方

この3つの箱を使えば、
日本語が英語に
スムーズに訳せるようになります。
基本の使い方をご紹介します。

① 3つの箱で ラクに英語に訳せる

「なかなか英語が話せるようにならないそうだね」

「英会話の本は読んでるし、英語のラジオとかテレビも見るようにしてるけど**なかなか英語が話せるようにならない**。もう挫折しそう」

「どこが難しい**?**」

「どこがって、**あいさつくらいはできるけど、そこから言葉が出てこない**」

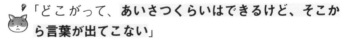「言いたいことは日本語で頭に浮かんでいるのに?」

「そう。**頭には浮かんでいるのに、英語に訳そうとするとフリーズ**。やっぱり英語を話すときは、英語で考えられるようにならないといけないのかな」

「そうなるのが理想だけど、生まれてからずっと日本語で考えて、日本語を話してきたんだから、簡単にはいかないよ」

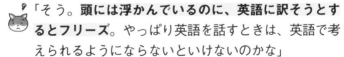

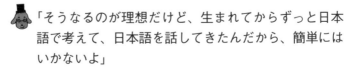

「じゃあ、やっぱり無理なの?」

「いや、**日本語を英語にそのまま訳せるように英語の
ルールに合わせて変えてしまえばいいんだよ**。それな
ら口に出す直前まで日本語で考えられるでしょう?」

「そんなことできるの?」

「それができるんだよ。英語は言葉の使い方のルール
はもちろん、習慣や考え方も違うから、**日本語の文章
をそのまま英語に訳すことはできないのは仕方ない**」

「だから英語が話せないんだよね」

「でも、**きみが言いたいことは、日本語で考えていて
も英語で考えていても同じなはず**。だとすると、共通
点があるはずだよね」

「言いたいことが同じだというのはわかるけど、共通
点ね……」

「それが、これから教える**"3つの箱"**。この箱に入る
要素は、日本語も英語も同じ。だから、ふだん使って
**いる日本語の文章をバラバラにして3つの箱に放り込
むと、そのまま英語に訳せる日本語になる**んだ」

「3つの箱って?」

「1の箱に入れるのは〝誰が〟を表す言葉、2の箱に入れるのは〝どうする〟を表す言葉、残りはすべて3の箱に入れる」

誰が　　どうする　　残りすべて

1 ＋ 2 ＋ 3

「それら3つの箱に、言いたい日本語をバラバラにして放り込むと、英語に訳せる日本語になってるの?」

「そういうこと。そのまま英語にすると、相手に伝わる英語になってるよ」

「へえ、なんだかマジックの種明かしを教えてもらった気分。日本語で考えていいなら、僕にもできそうだけど……。本当にできるのかな?」

② 英語はなんでも はっきりさせる言葉

「本当にできるかどうか半信半疑でしょう？ では、頭に浮かんだけど英語で話せなかった日本語をひとつ思い出してみて」

「**"手伝って"** かな。忙しかったとき目の前にいた友だちに手を借りたいと思ったんだけど、英語でうまく言えなかったんだ」

「"手伝って" か。よく使う日本語だよね。では3つの箱に入れて整理してみようか」

「"手伝って" という言葉しかないけど……整理してと言われても困ってしまうな」

「手伝ってほしいのは誰?」

「僕だけど」

「じゃあ、1の箱に入るのは "僕" だね」

Chapter 1　3つの箱の使い方

僕

🐕「2の箱は"どうする"だけど、"手伝う"のは僕じゃない
から2の箱に"手伝う"は入らないよね。3の箱に入る
のかな」

🐩「じゃあ、"手伝って"とは具体的にどういうこと?」

🐕「"あなたの助けが必要"ということかな」

🐩「これで2と3に分かれるよね」

🐕「"あなたの助けが"と"必要"。2に入るのは"必要"で、
3が"あなたの助けが"」

必要　　あなたの助けが

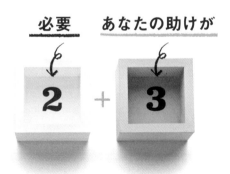

🐩「そうだね。3つの箱を並べてみて」

「僕は、必要、あなたの助けが」

「これで、英語に訳せる日本語になったから、そのまま英語に訳そう」

「I need your help.」

「話せる英語ができたでしょ」

「"手伝って"が"僕は、必要、あなたの助けが"になった。こうやって英語に訳していけばいいんだね」

「そう。**3つの箱を使うとそのまま英語に訳せる日本語のできあがり**。気をつけるのは、**日本語では省略して話すところも箱に入れる**ってことだね。とくに日本語だと1の箱に入れる"誰が"は省きがちだから注意が必要だね」

先生のまとめ

言いたいことがあったら、まず、**日本語を1、2、3
の3つの箱に整理して放り込みましょう。**そうすると、
いつもの日本語がそのまま英語に訳せる日本語に変わ
ります。

1の箱(誰が)

1の箱には「誰が」を表す言葉を入れ
ます。私が、あなたが、彼が、彼女
が、私たちが、彼らがなど、言いた
いことのほとんどに必ず「誰が」が
あります。日本語の文章にない場合
は、何が「誰が」なのか探し出して
入れましょう。

誰が

2の箱(どうする)

2の箱には「どうする」を表す言葉を
入れます。話す、聞く、開ける、叩
く、座る、歩くなど、「どうする」「ど
うした」という行動や状態を表す言
葉です。あなたが言いたいことのほ
とんどにある言葉なので、入れやす
いでしょう。

どうする

3の箱（1と2以外の残りすべて）
3の箱には、1と2の箱に入らなかった言葉をすべて入れます。 多くの場合、「何を」「何が」「誰を」「どこに」など、「誰が」「どうする」に情報を追加することがあります。そういった情報がすべて3の箱に入ります。**言いたいことがどんなに長くても、1と2を取り出したら残りはすべて3の箱に放り込みます。**

ときに、言いたいことが「誰が」と「どうする」だけで終わることがあるのですが、その際は、3は空き箱にしておきます。

このように、日本語の文章をバラバラにして、1、2、3の3つの箱に入れて整理したら、あとは英語に変換するだけ。
3つの箱を使うと、日本語が英語の構造に合わせた形で整理できるので、あれこれ悩まずに英語に訳せるようになります。

この便利な3つの箱の使い方を、ぜひマスターしてくださいね。

これ下さい

 「他に英語にできなかった日本語は、何かあるかな?」

「"これ下さい"。海外で買い物するとき、Please.か、This.とかThat.とかでいつもすませてしまっているから、ちゃんと"それ下さい"って言ってみたいんだ」

 「きっと買い物がずっと楽しくなるよ。それでは、1の箱には何が入るかな?」

「えーと、"これ下さい"っていうことは、"僕はこれがほしい"って相手に伝えることだよね」

 「そうだね。この場合、日本語の"下さい"は"ほしい"という意味で使っているね」

「"これ下さい"つまり"僕はこれがほしい"んだから、1の箱に入るのは、日本語にはないけど"僕"でいいのかな」

僕

1

「正解。日本語の会話ならわかってもらえるかもしれないけど、英語ではわかってもらえないから、**「僕」と言うのを忘れないように気をつけようね**。それでは**2**の箱に入るのは?」

「これがほしい?」

「入れ過ぎだね。**2**の箱に入れるのは"どうする"を表す言葉だけ」

「"ほしい"だけでいいの? そうすると残りの"これが"は**3**の箱になるけど」

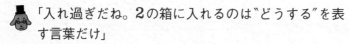

「それでいいんだよ。さあ1、2、3の順に並べてみて」

「僕は、ほしい、これが」

「あとは英語に訳すだけ」

「I want this..」

Chapter 1　3つの箱の使い方

明日は毎週行っているテニススクールがあるから行けません

「3つの箱は、長い文章を考えるときに、とくに便利なんだよ。ちょっと長い言葉を考えてみて」

「そういえば、この間、夕食に誘われたときに、〝明日は毎週行っているテニススクールがあるから行けないんだ〟と言えなくて、断れなくなったんだよね」

「じゃあ、1の箱から考えてみようか」

「テニススクールに行っているのも、断るのも僕だから〝僕〟でいいと思うけど、2の箱に入るのは……」

「ここで言いたいことは?」

「明日の夕食は行けませんってことだけど」

「だったら2の箱に入るのは〝行けません〟。ほかは、ぜんぶその理由になる。**言いたいことには必ず結論があるはずだから、それが2の箱に入るんだよ**」

「残りはぜんぶ3の箱でいいんだ」

「そういうこと。1、2、3に並べてみて」

「僕は、行けません、明日の夕食会は、毎週行っているテニススクールがあるから」

「後で詳しく説明するけど、この場合、**3の箱の中にさらに3つの箱が入るんだ**」

「本当だ！ 3の箱に小さな3つの箱が入るね！ 僕、行っている、テニススクールと毎週に分けられる」

「その部分を英語に訳すと、I take a tennis lesson every week.。**これは理由だとはっきり示すために、頭にbecauseを付けて、1と2の箱の英語と合わせる**んだ」

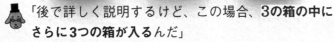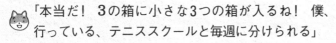「I can't go to the dinner tomorrow because I take a tennis lesson every week.」

「OK！ これで伝わるよ」

先生のまとめ

日本語の短い文章も長い文章も1、2、3の3つの箱に分類して放り込むと、そのまますぐに英語に訳せるようになります。

1、2、3それぞれの箱に何を入れるのか、理解できましたか?

ポイントの1つは「誰が」をはっきりさせること。
英語では、この「誰が」はコミュニケーションのキモとなるので、基本的に、省略しません。日本語の会話では、「誰が」という部分を省略して話すことが多いですよね。相手が察してくれるところもあるし、そもそも我を出さない、自己主張しないのが日本の文化でもあるからなのでしょう。でも**英語では「誰が」は省略しないではっきりアピールします。**

ポイントの2つ目は、「誰が」「どうする」のかを最初に言ってしまうこと。
日本語では、なかなか結論が出てこなかったり、最後まで聞いても結論がわからないことがありますが、英語の場合は、**とにかく最初に結論がきます。**1と2の箱に入れる「誰が」と「どうする」がすごく大切なので、長い文章でも短い文章でも、先頭部分に来るようになっています。

これらのことを意識すると、シンプルに自分の言いたいことが言えるようになり、英語の長い文章もラクに読めるようになりますよ。

3 質問の組み立て方

「英語で質問するときも3つの箱って使えるの?」

🐶「もちろん使えるよ。英語にするときにちょっとひと手間必要だけど、基本は同じ」

「じゃあ"ミルクありますか?"って英語で言いたかったんだけど、どう言えばよかったのか教えてほしいな。店員さんに聞けなくて、カフェで苦手なブラックコーヒーを我慢して飲んだんだよね」

🐶「3つの箱に入れてみようか」

「1の箱は、カフェのスタッフだけど、今目の前にいるから、"あなた"でいいのかな?」

「うん正解。それじゃあ2と3は?」

「2は"ある"で、3が"ミルク"かな?」

「これは英語のちょっとしたポイントなんだけど、**2の箱に入るのは"ある"ではない**んだ」

「え? どういうこと?」

「きみの言いたい内容を考えてみると、英語では、この場合、お店に"ある"というよりはむしろ、店員さんが"持っている"かどうか聞くというふうに考えるといいよね」

「ということは、"持っている"が2の箱に入るということだね」

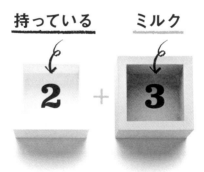

「その通り。並べ替えると」

「あなた、持っている、ミルク」

「英語に訳すと」

「You have milk..」

「このままだとはっきりと質問に聞こえないから、**これは質問ですよ、と相手にわかってもらえるように、頭にDoを付ける**んだよ」

「Do you have milk?」

「はい、質問のできあがり。日本語をバラバラにして1、2、3の箱に放り込んで、質問文だというマーク、Doを頭に付ければOK。簡単でしょ?」

先生のまとめ

聞きたいことが日本語で浮かんだら、3つの箱に整理して放り込みましょう。ここで確認です。聞きたいことは相手が「はい」「いいえ」で答えられるものですか？もし答えられるときは、1、2、3の前に「Do」を付けると質問になります。過去のことを聞きたいときは「Do」を「Did」にします。

Step1
聞きたいことを日本語で3つの箱に放り込む

Step2
先頭に「Do」を付ける

Step3
3つの箱の中身を英語にする

Chapter 1　3つの箱の使い方

4 質問事項は最初に

「"何が？"とか"どうして？"とか"誰が？"とか"いつ？"とかいった質問も、3つの箱を使うと簡単に組み立てられるよ」

「え？ そうなの？ なんか難しそうだけど」

「じゃあ、海外旅行で素敵なレストランに行ったとしよう。たくさんのメニューがあって、どれを選んだらいいのかよくわからないときってあるよね。"何がオススメですか？"って店員さんに聞いてみよう」

「3つの箱を使うとする。1の箱には何が入るかな？」

「何がオススメなのかって店員さんに聞いているから、やはり"あなた"かな」

あなた

「そうだね。それじゃあ2と3はどうだろう?」

「2が"勧める"で、3が"何"かな」

勧める　　　何を

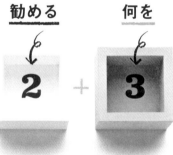

「その通り。並べると」

「あなた、勧める、何を」

あなた ＋ 勧める ＋ 何を

「OK。そのまま英語にすると」

「you recommend what」

「質問だよって相手に伝えなきゃならないから?」

「あっ、Doを付けなきゃ。
Do you recommend what?」

「"はい"と"いいえ"で答えられない質問のときは、ここで聞きたいことを先頭に持ってくる」

「"what"を先頭にするってこと?」

「OK。そうなるとどうなる」

「What do you recommend?」

「できたね。**質問文を考えるときは、ふつうの文章と同じように日本語の文章を分解して1、2、3の箱に投げ込んでから、聞きたいことを先頭に持ってくる**だけでいいんだよ」

先生のまとめ

「はい」と「いいえ」で答えられない質問のときも、**日本語の文章を分解して3つの箱に整理します**。そして**聞きたいことを先頭に持ってきます**。あとは順番に英語に変換していくと質問文ができあがります。

Step 1
聞きたいことを日本語で1、2、3の箱に放り込む

Step 2
先頭に「Do」または「Did」を付ける

Step 3

聞きたいことを先頭に持ってくる。3を聞きたいとき
は3、1、2。

Step 4

3つの箱を英語にする。

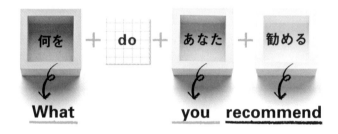

つまり、What do you recommend?となります。
3つの箱を使って整理すれば、質問文もスムーズに英
語に訳せますね。

誰と話してたの？

「質問したいけど英語にできなかったことは他にもあるかな？」

「"誰と話してたの？"かな。この間、彼女がデート中、スマートフォンで楽しそうに話してたんだ。相手が気になったんだけど聞けなかったんだよね」

「そうか。それじゃあ、3つの箱をイメージして。1の箱に入れるものを考えるよ」

「電話しているのは目の前の"あなた"」

あなた

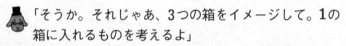

「では、2と3は？」

「2は"話してた"で、3は"誰と"でいいのかな」

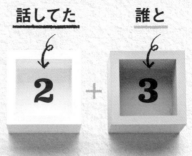

「そうなるね。並べてみると?」

「あなた、話してた、誰と、となるね」

「では、質問文に並べ替えると?」

「誰と、あなた、話してた。そして"do"が"誰と"のうしろにくるんだよね」

「完璧。でも、**英語にするとき、過去のことだから"do"を"did"にするのを忘れないでね**」

「Who did you talk with?」

「これでスッキリ質問できるね」

それ、どうやって食べるの？

 「もう少しチャレンジしてみようか。他に英語で聞けなかったことを教えて」

 「外国のマーケットでおもしろい野菜を見つけて、〝それ、どうやって食べるの?〟って聞きたかったんだけど、聞けなくて、買えなかったんだよね」

 「そうか、残念だったね。店員さんとちゃんとやりとりできるようになりたいね。じゃあ、3つの箱を使って英語にしてみよう。では、まず1の箱」

 「どうやって食べるのか相手に聞きたいから、〝あなた〟」

 「そうだね。2と3は？」

 「2は〝食べる〟で、3は、1と2に入らなかった〝それを〟と〝どうやって〟が入ると考えていいのかな」

 「間違ってないよ。ただ、〝どうやって食べる?〟って、聞きたいのは料理方法だよね。だったら〝どうやって料理する〟って聞いたほうがいいね」

 「じゃあ、2の箱には〝料理する〟」

「並べてみると」

「あなたは、料理する、それを、どうやって」

あなたは ＋ 料理する ＋ それを、どうやって

「質問マークの"Do"を入れて英語にすると?」

「Do you cook it how?」

「聞きたいことを先頭に持ってくると?」

「How do you cook it?」

How do ＋ あなたは ＋ 料理する ＋ それを

「OK!」

「3の箱から"How"だけ先頭に持ってきたけど、これでいいの?」

「聞きたいことが相手に伝わればいいから、それでいいんだよ」

「そうなんだね」

先生のまとめ

3つの箱を入れ替えると質問文のできあがり
英語で質問したいときも、まずは3つの箱に日本語の文章を分解して放り込み、変換します。

そして、ここからがポイントです。**質問文を作るときにまずチェックするポイントは、その質問に「はい」「いいえ」で答えられるかどうか。**ここさえ決まれば、質問文は簡単にできあがります。

相手(You)が「はい」と「いいえ」で答えられるときは、1、2、3の箱の先頭に「Do」か「Did」を付けるだけです。もし、第3者の「彼」や「彼女」について質問するときは「Does」を使います。

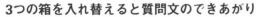

「はい」「いいえ」で答えられない質問のときも、まずは日本語を1、2、3の3つの箱に放り込みます。そして、**聞きたいことが入っている箱、もしくは、聞きたいことを箱の中から取り出してきて、先頭に持ってきたら、What(何を)、How(どのように)、Who(誰が)といった、一目で質問だとわかる言葉に置き換えます。**これが基本です。

3つの箱に入れて並べると次のようになります。

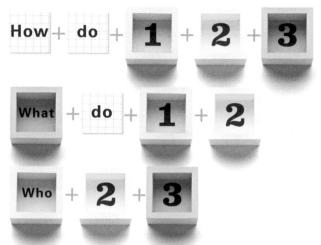

英語はとにかく最初に結論がくるのが基本なので、質問するときも何を聞きたいのか、最初にはっきりさせましょう。聞きたいことがはっきりしていると、相手も何を求められているかわかりやすいのでコミュニケーションがスムーズになりますよ。

それから、You are happy.のように、2にam/is/areのような「〜である」を表すbe動詞が来て、3がつづく文は、1と2をひっくり返して、2、1、3の形にすれば、疑問文になります。Are you happy?ですね。

Chapter 2

1 の箱
に入れるもの

1つ目の箱は〝誰が〟を
はっきりさせる箱です。
言いたいことの主役が誰なのか、
この箱を使って、
明らかにしましょう。

① 主役は誰か？

> ┌─────────────────────────────┐
> 　　　会社を休んだ僕。
> 　自宅近くで友だちに会って声をかけられる
> └─────────────────────────────┘

友だち　What's the matter?
　　　　（どうかしたの？）
僕　　　**Leg injury.**
友だち　Who? Whose leg?
僕　　　（ケガしたのは僕なんだけど……）

「誰がケガしたの？　この英語だと〝足がケガ〟としか
聞こえず、誰がケガしているのかわからないよ」

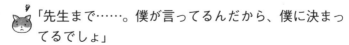「先生まで……。僕が言ってるんだから、僕に決まっ
てるでしょ」

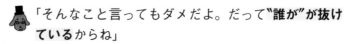「そんなこと言ってもダメだよ。だって**〝誰が〟が抜け
ている**からね」

52

「え？ 〝誰が〟って、言わなくても僕だってわからないいかな」

「残念だけど英語ではそれは無理。日本語だったら、察してくれるかもしれないけどね」

「なんかちょっと面倒だな。**ちゃんと僕だって言わないとわかってもらえないなんて**」

「**英語では〝誰が〟をはっきり言わないと伝わらないん**だから仕方ない。自分だったら〝I〟って言わないとね」

「毎回毎回、Iなんとかって言わなきゃダメなの？」

「そう。確かに面倒かもしれないけど、英語ではそれが当然。**基本的にはいつも言わないといけないよ！**」

「じゃあ、どう言えばいいのか教えてくれない？」

「よし。3つの箱で整理してみよう。1の箱は？」

「ケガしているのは僕だから〝僕〟」

「何度も言うけど、**〝誰が〟をはっきりさせるのが英語**だから忘れないようにね。2は？」

🐕「2は"ケガした"が入って、3には"僕の足を"だね」

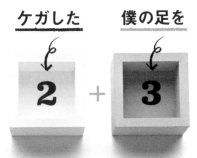

🎩「はい、できた。それをそのまま並べると」

🐕「僕は、ケガした、僕の足を」

🎩「英語にすると」

🐕「I hurt my leg.」

🎩「これで、ケガをしたのがきみだと伝わる英語になったね」

✏ **Words&Phrases**　injury：ケガ　hurt：傷つける

先生のまとめ

日本語では、「私が〜」「あなたが〜」といった「誰が」を抜いて会話することがよくあります。

「明日の飲み会、参加するね。ところで、来週の
　コンサートは行けるの?」
「たぶん、行けると思う」

これでも日本語の場合、会話が成立します。それは状況から「誰が」が誰のことを指しているのか理解できるからです。「参加します」と言えば、言った人が参加すると受け取ります。「行きます」と言えば、言った人が行くと受け取ります。日本語なら当たり前ですよね。

ところが**英語の場合は、「私は参加します」「私は行きます」と言わなければ伝わりません**。英語で会話するときは、状況から判断してもらえると思わないこと。自分がどうするのか、どうしたいのか伝えるときは、**とにかく「I」から始める**ことです。そうするだけで、言いたいことがちゃんと伝わるようになります。

Chapter 2 ｜ 1 の箱に入れるもの

> [打ち合わせ後、
> 忘れ物を発見した僕と友だち]
>
> 友だち　What should we do with this?
> 　　　　（これどうしよう？）
> 僕　　　**Keep it.**
> 友だち　Should I? Or you keep it?
> 　　　　（僕が？　きみが？）
> 僕　　　（僕が預かるって言ってるのに……）

「"それ預かって"って。預かるのは誰なんだろうね？」

「僕が言ってるんだから、僕でしょう」

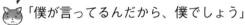「いや、きみか友だちだと思うけど、keep itと言うと
むしろ友だちに命令しているように聞こえるよ」

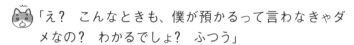「え？　こんなときも、僕が預かるって言わなきゃダメなの？　わかるでしょ？　ふつう」

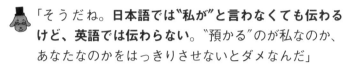「そうだね。**日本語では"私が"と言わなくても伝わるけど、英語では伝わらない。**"預かる"のが私なのか、あなたなのかをはっきりさせないとダメなんだ」

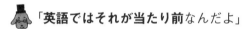「私とか、あなたとか言い慣れてないけど、**英語でははっきり言わなきゃいけない**んだね」

「**英語ではそれが当たり前**なんだよ」

「では、この文章を英語に訳してみよう。まず、日本語を3つの箱に整理する。1の箱には何が入る？」

「預かるのは僕だから"僕が"」

僕が

1

「**2**と**3**はどうなる？」

🐕「2は"預かる"で、3が日本語にはないけど"忘れ物"とか"それ"でいいのかな」

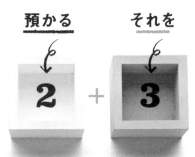

🐩「うん、そうだね。今回は"それを"ということにしようか。じゃあ、並べ替えて」

🐕「僕が、預かる、それを」

🐩「英語にすると」

🐕「I keep it.」

🐩「これなら預かるのはきみになるよね」

先生のまとめ

日本語では、「持ってきてください」と言えば、言った相手にお願いしていることになります。「持っていきます」と言えば、自分で持っていくことになります。

語尾を変えるだけで、"誰が"がわかるのが日本語ですが、英語の場合は、"誰が"をはっきりさせないと伝わりません。
というのは、英語の場合、「持ってくる」という動作を表す言葉は、持ってきてもらっても、持っていっても、「bring」という同じ言葉を使うからです。

英語では「誰が」をはっきりさせることが肝心です。シビアな状況になればなるほど「誰が」を言わなかっただけで誤解を生んだり、トラブルになることもあるので注意しましょう。**とにかく、自分のことなら「I」から始めることです。**

3 主役不在の落とし穴

> ## 彼女と夕食を食べることになった僕。
> ## 自宅に向かって歩きながら

彼女　　What do you want to eat tonight?
　　　　（今夜何食べるの？）
僕　　　**Make pasta.**
彼女　　What? I have to make pasta?
　　　　（え？　私がつくらなきゃいけないの？）

僕の発した言葉にムッとした彼女が怒って
僕の自宅とは逆方向に歩き出してしまった。

「なんだよ、一体……」

「ハハハッ、彼女怒っちゃったね」

「笑いごとじゃないよ。僕はパスタをつくると言った
　　だけなんだよ」

60

「たしかに〝パスタをつくる〟と言うのに〝make〟と〝pasta〟という言葉を使ったのは間違ってない」

「じゃあ、なんで怒るんだよ?」

「きみの英語には〝誰が〟が抜けてるからだよ」

「〝誰が〟が抜けただけであんなに怒るもの?」

「英語では〝誰が〟が抜けると、命令や指示をしていることになるときがあるんだ」

「つまり僕は彼女に、いきなり〝パスタをつくれ〟って言っちゃったんだね」

「そういうこと。それならムッとするかもね」

「わかった。じゃあ、僕は、そういうとき、どう言えばよかったの?」

「それでは、3つの箱に整理してみようか」

「OK! つくるのは僕だから1には〝僕〟」

僕

「2と3は?」

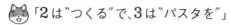「2は"つくる"で、3は"パスタを"」

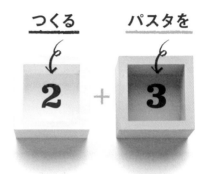

「並べ替えて」

「僕は、つくる、パスタを」

「英語にすると」

「I make pasta.」

「これで完成！ これなら誰にも怒られないよ。難しい英語じゃないけど、"I"があるかないかだけで、意味も相手に与える印象も全然違ってくるから注意しよう」

先生のまとめ

英語では「I」が抜けて動作を表す言葉だけになると相手に命令や指示することになるときがあります。
たとえば、バスに乗っていて運転手に「降ります」と言いたいとき、私つまり「I」を抜かして「Get off」だけを言ってしまうと、運転手に「降りろ」と命令することになってしまいます。

とくに注意したいのは焦っていたり、緊急事態になっているとき。英語に慣れていないと、どうしても覚えている単語を大きな声で連呼しがちです。
たとえば、「行く行く」と言いたいとき、
Go, go.
と言ってしまうと、「行け!」という命令に聞こえてしまいます。

表情や態度で「私が〜する」というニュアンスが伝わることもありますが、**発せられた言葉だけを聞くと、相手への命令・指示に聞こえてしまいます。**ひとつ間違うと相手を不快な気持ちにさせ、誤解を招くこともあります。

自分のことを伝えるときは、とにかく「I」から始める。
「I」を意識的に使うことから始めてください。

4 責任のありか

僕が友だちと
ジョギングしながら

僕　　**Jogging is good for health.**

友だち　**Really? Is that true? Why do you think so?**
（本当？　どうしてきみはそう思うの？）

僕　　（いやいや、一般的にそう言われているからなんだけど……）

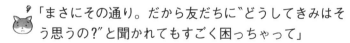

「きみが言いたかったのは、世間一般的に"ジョギングは健康にいい"と言われているよっていうことかな？」

「まさにその通り。だから友だちに"どうしてきみはそう思うの？"と聞かれてもすごく困っちゃって」

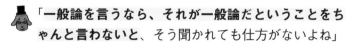

「一般論を言うなら、それが一般論だということをちゃんと言わないと、そう聞かれても仕方がないよね」

「え？　そうなの？　こういう場合でも、**自分の意見と一般論とは、はっきり区別しなきゃいけない**んだね」

「そう。誰の意見かわからないでしょ」

「そうか、そこもはっきりさせるんだ」

「日本語の場合は、どちらともとれる言い方をするし、それでもいいんだけど、英語ではそれは許されない」

「そうなんだ。それにしても、友だちに突っ込まれるようなことを言った覚えはなかったけど」

「英語では発言に気をつけないといけないよ」

「うん、わかった」

「それじゃあ、正しくはどう言えばよかったのか、確認しよう」

「誰が言っているのか、誰の意見なのかがちゃんとわかる英語にする、ということだよね」

「そう、3つの箱を使って整理して英語に訳してみよう。ジョギングが健康にいいと言っているのは誰だったの？」

「えっと。僕の読んだ雑誌の記事で、お医者さんがそう言ってたんだ。その場合はどう言えばいいのかな？」

「この場合は"医師"でも"記事"でもいいんだけど、今回はある1人の"医師"にしようかね」

「わかった。では、1の箱には"医師"が入る」

医師

「じゃあ2はどうなる?」

「2は…1が医師だから…"言っている"かな?」

言っている

「そうだね。そうなると3は?」

「残りの"ジョギングは健康にいい"。これですべて箱に
入ったよね?」

**ジョギングは
健康にいい**

「はい正解。並べてみて」

「医師は、言っている、ジョギングは健康にいい」

「ジョギングは健康にいいっていうのは、どう表現したらいいの?」

「3の箱については、Chapter 4で詳しく説明するけど、この中にさらに3つの箱で構成された文章が入ることがある。今回の場合がそう。jogging is good for healthという文章がそのまま入るんだ」

「3の箱の中をさらに3つの箱で整理するんだね」

「そう。では全部英語にすると?」

「A doctor says jogging is good for health.」

「これできみの意見じゃなくて、お医者さんの意見になったね」

「情報の出所がクリアになってよかった!」

先生のまとめ

ふだんのおしゃべりでは、**自分の意見なのか、一般論なのか、それとも特定の誰かの意見なのか、あいまいでも許されるのが日本語。それをはっきりさせないといけないのが英語です。**

ちなみに、一般論のときは、〝誰が〞の部分をwe、they、peopleといった表現にするのが一般的です。また、自分の意見として言いたくないときも、Iではなくwe、they、people を使うと便利です。ただし、話している内容に説得力や信ぴょう性を持たせたいときは、今回のように、具体的な名前や職業名などを〝誰が〞に入れるといいでしょう。それは日本語も英語も同じことです。

「○○○だよね」という日本語が浮かんで、英語にするときは最初に1の箱に入る〝誰が〞が誰なのか、はっきりさせることを忘れないようにしましょう。

5 とりあえずの "it"

[**僕が友だちと話しながら**]

僕　　**Tomorrow rain.**
友だち　……
僕　　（なんかまずいこと言ったかな……）

 「友だちは怒っているわけじゃないよ。ただ、**きみが何を言っているのか、ちょっとわかっていない**だけで」

 「"明日は雨が降るね" が伝わってないってこと？　英語の単語は間違っていないと思うけど」

 「いや、"明日" も "雨" も単語としては正しいから、多分なんとなくは伝わっているはずだけど。ただ、この英語だと "明日雨" に聞こえるから、ちょっと変わった言い方だなぁって思われてるだろうね」

 「どこがまずいの？」

Chapter 2　1 の箱に入れるもの

「きみの英語にはいつものように、1に入る言葉が抜けているんだよ」

「え？　この場合、1に入る言葉なんて、ないよ」

「そうだよね、日本語には、ね。でも英語にはあるんだ」

「えっ、誰が雨を降らせるの？　神様?」

「それはわからない。**わからないから英語の場合は〝It〟を1の箱に入れる**んだ」

「It?　Itでいいの?」

「そう。**英語では、〝誰が〟がわからないときは、1の箱に〝It〟を入れるのがお約束**なんだよ」

「〝明日は雨が降るね〟をちゃんとした英語で言うとどうなるの?」

「それじゃあ、Itを使いながら3つの箱に整理してみようか」

「1は〝It〟がくるんだよね」

It

「そう。そうなると2と3は?」

「2は〝雨が降る〟で、3は〝明日〟」

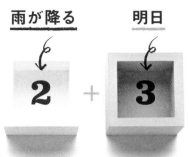

「うん、それでいいんだよ。並べてみて」

「It　雨が降る　明日」

「英語にしてみようか。ちなみに、明日のことは、まだ起こっていないこと。それを予想して言っているんですよ、という印を付けないといけない。それが"will"。2の箱の前に付けてね」

「It will rain tomorrow.」

「そう、その通り。これで完璧な英語のできあがりだ」

先生のまとめ

「It」を使ってでも「誰が」を省略しないのが英語。 それ
だけ「誰が」をはっきりさせるのが英語ですから、「It」
を言わないと、それだけでぎこちない言い方になって
しまいます。

「誰が」がはっきりしないために「It」が使われるのは、
天気、温度、距離、時刻など。
こういうときは、次のような言い方になります。

It has recently rained much.
（最近、雨が多いよね）
It is 25°C (twenty-five degrees Celsius).
（今、気温は25度だよ）
It is five kilometers to my house.
（自宅まであと5キロだよ）
It is five to ten.
（あと5分で10時になるね）

1の箱に「It」を入れるだけで、3つの箱の使い方は同じ
になります。

 Words & Phrases　recently：最近

6 代理の "it"

> 今日あったすごい出来事を
> 伝えたくて

僕　**I saw a movie star in the train is great.**

彼女　What?（はあ?）

僕　（あれ?　彼女、イライラしている。へん
　　なこと言ったかな?）

「彼女、少しイラッとしたみたいだね」

「だよね。僕、〝電車の中で映画俳優を見たんだけどす
ごいでしょ!〟って言いたかっただけなんだけど、おか
しなこと言った?」

「そうだなあ。出だしはよかったけど、きっと**すごい
ことの説明が長すぎた**んだよ」

「え?　すっごく興奮する出来事だったから、具体的
に伝えたのに……。それでイラっとさせちゃうなん
て。じゃあ、こういうときはどうすればいいの?」

「3つの箱で整理しよう。何がすごかったのかな?」

「"電車の中で映画俳優を見たこと"だよ」

「**1の箱には"誰が"だけでなく、"何が"も入る**んだ」

「ということは?」

「この場合、**1の箱にそれが全部入る**んだ」

電車の中で
映画俳優を見たこと

「 ふーん。そうなんだね。でも、1の箱に全部入れて英語にしてしまうと、相手をイラッとさせちゃうんだよね。どうすればいいの?」

「**1の箱の中身がダラダラと長いときは、"It"に置き換えるといいんだ**」

「え? "It"? 置き換えるのはいいけど、それじゃあよくわからないじゃない。Itの説明はどうするの?」

「あとから説明する。**英語では、結論がすぐにわかることが最重要ポイント**。たとえば今の話なら、**きみがすごく興奮したってことをシンプルに伝えればよかったんだ**」

「あとから？　そのせいで文章が長くなったり、複雑になったりしないの?」

「2と3はどうかな?」

「3は"すごいだろ"だけど、2は???」

「2の箱に入るのは基本的には動作や行動を表す言葉だけど、確かに入れるものがない。そういうときは"is"や"are""am"を入れることになっているんだ」

「そうなんだ」

「1が長いのでひとまず"It"に置き換えて並べ替えてみて」

「It、is、"すごいだろ"。これはシンプルだね」

「そして、この文の最後に"that"を入れて、itで受けた具体的な内容を入れる。この"that"が、ここから先が先頭の"It"が受けている内容ですよ、と示すマークなんだ。じゃあ、もう1度並べてみて」

「Itは"すごいだろ"、"電車の中で映画俳優を見たこと"」

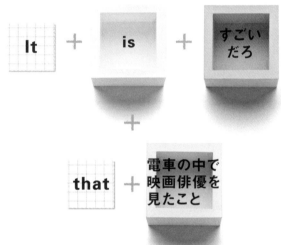

「英語にすると」

「It is great that I saw a movie star in the train.」

「わかりやすい英語ができたじゃない」

先生のまとめ

英語は最初に結論を言うのが基本です。結論を言わずにダラダラと前置きの長い話をすると、相手をイライラさせる可能性があります。あまりに長すぎると、最後まで聞いてくれないこともあります。日本語は**最後まで聞いても結論がないこともあるので気をつけたいところ**ですね。

だから、1の箱も2の箱もできるだけ簡潔にするのが肝心。
1の箱に入れる「誰が」もしくは「何が」が長いときは、「It」に置き換えてシンプルにしましょう。
そのとき、英語に訳す日本語の並びは次の通り。

It ＋ 2 ＋ 3 ＋ that ＋ 1

この順番で、箱に入れた日本語を英語にすると、伝えたいことをシンプルに伝えやすい英語になります。

Chapter 2 1の箱に入れるもの

⑦ "there"は 誰のものでもない

[残業中おなかがすいた友だちが
僕に声をかける]

友だち　Something to eat?
　　　　（なにか食べるものある？）
僕　　　**I have some cakes on the table.**
友だち　Can I have one of those?
　　　　（1つ食べていいの？　やっぱり食べちゃダ
　　　　メだよね？）
僕　　　（何をわざわざ確認してるんだろう……）

 「"テーブルの上にお菓子があるよ"って言ってるんだから食べればいいのに……へんなの」

 「いやいや、友だちは、お菓子がきみのものだと思ったから、食べていいかどうか確認したんだよ。**自分のものだってあえて主張されたものを食べることはできないでしょう**」

「え？ 別に僕のものでもないんだけどな」

「誰のものかはっきりさせるのが英語だから、誰のものでもないときは、そう伝えないとわからない」

「テーブルの上に置いてあるお菓子でも?」

「そう。誰のものかはっきりね。今回きみは、**I have を使っているから"自分のお菓子はテーブルにあるけど"ってはっきり主張している**ことになるんだ」

「あ〜あ。全然そういう意味じゃなかったのになぁ。じゃあ、自分のものじゃないものがそこにあるよって言いたいときは、どうしたらいいの?」

「そういうときは**"There is ○○"って言うと、誰のものでもないこと**になるんだよ」

「ふーん。それは、○○があるってことだね」

「そう。誰のものでもないときは、そう言えば誤解を招くことはないよ」

「じゃあ、3つの箱に整理して英語に訳してみるとどうなるかな?」

「あるのはお菓子だから、1に入るのは"お菓子"でいいのかな?」

「そうだね。**1の箱には"誰が"だけでなく、今回のケースのようにもののことを話したいときには、"何が"が入るときもある**からね。それじゃあ、2の箱と3の箱はどうなるかな?」

🐺「2は"ある"で、3は"テーブルの上に"でいいよね」

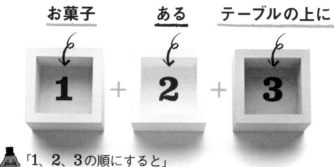

お菓子　　　ある　　テーブルの上に

🎩「1、2、3の順にすると」

🐺「お菓子、ある、テーブルの上に」

🎩「thereを使うときは、ここでひと手間。**thereを1の箱の前に持ってきて、誰のものでもないよってことをまずアピールする。そして、1の箱と2の箱の位置を逆転させる。**つまり、There、2、1、3、と並べ替えるんだ」

🐺「どうして逆転させるの?」

80

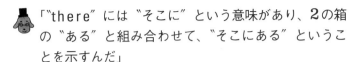

「"there" には "そこに" という意味があり、2の箱の "ある" と組み合わせて、"そこにある" ということを示すんだ」

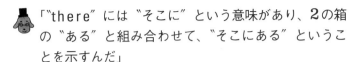

「そうなんだね。そうすると、日本語の並び順は、There、ある、お菓子、テーブルの上に」

「そうそう。じゃあ英語にしてみて」

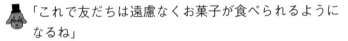

「There are some cakes on the table.」

「これで友だちは遠慮なくお菓子が食べられるようになるね」

Teacher's Summary

先生のまとめ

それが誰のものなのか、はっきりさせるのが英語の特徴です。

自分のものであるときは、I haveやmy〜といった表現を使って自分のものだとはっきり伝えます。

一方、**自分のものでないとき、あるいは自分のものであるということを特に主張したくないときは、「there」**を使います。この表現は、単に存在を示すものなので、これには所有者がいないんだということがはっきり伝えられます。

ここで注意したいのは、「there」を使うときは、3つの箱の並び方が少し変わるということ。つまり、次のような並びになるということです。

There + **2** + **1** + **3**

順番に気をつけて、「there」を上手に使いましょう。

Chapter 3

2の箱
に入れるもの

2つ目の箱は、
1の箱に入れた主役が
どうするのか、
あるいはどんな状態なのかを
はっきりさせる箱です。

① 何する？ どうする？

> 映画館を出てきた僕は、
> 興奮しながら友だちに

僕　　　**Movie nice.**

友だち　What? What do you want to say?
　　　　（は？　何が言いたいの？）

僕　　　（映画がよかったって言いたいだけなんだ
　　　　けど、どうしてイライラするの?）

「きみは何を言いたかったのかな？」

「えーと、〝この映画、よかった〟と言いたかったんだ」

「〝映画、よかった〟って**英語の単語を並べただけでは伝わらないよ**」

「とはいっても……」

「これまでずっと言っているけど、3つの箱で言いたいことをいったん整理してから英語に訳すようにしないと、いつまでたってもちゃんと伝わる英語が話せるようにはならないよ」

「そうだったね。3つの箱を使う習慣をきっちりつけないといけないね」

「では3つの箱で整理していこう。1つ目の箱だけど……」

「僕がよかったと感じたんだから、1の箱には〝僕〟が入るでしょ。2の箱には……」

「2の箱には、1の箱に入れた人や物が**何をしたのか、どうしたのか、はっきりさせて入れるんだ**」

「わかった。この場合は、僕がどうしたのか、はっきりさせるってことだよね」

「そうだね。きみがどうしたのかな？」

「えーと、〝よかった〟というのはどう言えばいいのかな……ちょっとわからないや……」

「"よかった"というのは、シンプルに言えば、"好きだ"ということだよね。**英語に訳せない難しい言葉に出合ったら、他の簡単な言葉に言い換えられないか考える**といいよ」

「そうか！ なるほどね。では、２の箱には "好きだ"。３の箱には "この映画" が入るってことだね」

僕は ＋ 好きだ ＋ この映画が

「OK! それを英語に訳してごらん」

「I like this movie.」

「とても簡単だけど、きみの気持ちや感想がダイレクトに伝わる英語になったね。英語は難しく言えばいいってものではないんだ。**相手にいかにはっきり伝えられるかが大切**なんだ」

先生のまとめ

このChapterでは2の箱の使い方について、具体的に説明します。

2の箱は、1の箱に入れた主役となる人や物が、何をするのか、何をしたのか、どうしたのか、どうしたいのかなどをはっきりさせる箱です。 主役の行動や状態を表す言葉が主に入ってきます。

日本語ではあまり気にすることはありませんが、**英語では、いつのことなのか、続いているのかなど、時間の経過にこだわります。** また、それだけでなく、**可能性はどれだけあるのか**、きちんと示したり、**気持ちや思い入れの強さ**まで相手に伝えていきます。

英語は、あいまいが許される日本語と全く異なり、とにかくはっきりさせたい言葉です。日本語を話しているときには見逃しがちなところや、無視してしまっていることについても、箱をイメージしながら、ひとつひとつしっかり確認して言葉にしていくようにしましょう。

難しい言葉を使う必要はありません。伝えたいことを、できるだけ具体的にはっきりさせて伝える。このことを念頭に置いて、頭の中を整理しながら、英語を組み立てていきましょう。

2 今か昔か はっきりさせる

[スポーツショップに入った
僕と友だち]

友だち　I want to play kendo.
　　　　（剣道やりたいんだ）
僕　　　**Oh! I play kendo.**
友だち　Really?　I have a bamboo
　　　　sword.　Can you give me a
　　　　lesson tomorrow?
　　　　（本当？　僕、竹刀持ってるんだ。明日教
　　　　えてよ！）
僕　　　（え！　前にちょっとやったことがあるだけ
　　　　なんだけど……）

「いきなり誘われちゃったね」

「どうしてだろう？」

「きみの言い方だと、友だちは、きみが剣道をいつも
やっているのだと思ってしまったからだよ」

「僕は、以前剣道をやったことがあるって伝えたかっ
たんだけどな」

「やったことがあるんだってことを**ちゃんと言葉で表
さなくては伝わらない**よ。でも、きみが伝えたいこと
は、3つの箱にきちんと整理できているね」

「1の箱に〝僕は〟、2の箱に〝やっていた〟、3の箱に
〝剣道〟といった感じだよね」

「そうだね。これをきみは、
I play kendo.
と訳してしまったんだけど、実は、2の箱に大切なポイ
ントがあるんだ」

「2の箱に入る言葉の訳し方にポイントがあるの？」

「そう。英語では、**過去にやったことなら過去のこと
だとはっきり言わないと、今もやっていること、もし
くは、いつもやっていることのように、相手に伝わっ
てしまうんだ**」

「ふーん……日本語ではそんなに気にしないんだけど、英語だと、過去は過去の話としてちゃんと言わないといけないってことだね」

「そうなんだ。**いつのことなのか、はっきりさせるのも英語**なんだよ」

「I played kendo.
こう言わないと伝わらなかったんだね」

「そういうこと。とくに英語の場合は、さっき、きみが言ったように、**現在のことのように話すと、現在やっているのはもちろん、この先もずっと続けようと思っている、という強い意思表示として受け取られてしまう**ので注意するんだよ」

先生のまとめ

「している」「したことがある」「する予定」など**今なのか、過去なのか、未来なのかはっきりさせるのが英語**。とくに**今現在のこととして伝えるときは、実は、未来も続けるんだという強い主張になります**。とくに仕事で使うと確定事項になってしまい、まずいことになりかねません。口約束のような中途半端なことは言わないようにしましょう。

I jog.
（ジョギングをしています）

I don't eat rice for dinner.
（夜はお米を食べないようにしています）

I get up at six every morning.
（毎朝6時に起きます）

こうした表現は、すべて、この先も続ける習慣として受け取られます。英語の現在形は、「現在のこと」と「未来のことも含めた習慣・真理」と覚えましょう。真理は「絶対に変わらない事実」で、次の項目（92P〜）で解説します。

絶対に変わらない事実

> 飲み会で自己紹介を促された僕は、
> 自分の名前を言った後に

僕　　　 **I came from Nagasaki.**
参加者　 **When did you come here?**
　　　　 （いつ長崎から来たの？）
僕　　　 （出身地を言ったはずなんだけどな……）

「"長崎出身です"って言ったはずなんだけどな」

「まあ、落ち込まないで」

「3つの箱でいうと、1に "僕は"、2に "出身"、3に "長崎" となるよね」

「"〜出身"を英語にすると"come from"というのは知ってたんだね。どうして "come from"を過去の言葉にしたの?」

「生まれたのは、ずいぶん過去のことだから……」

「実 は、**過去にしてしまうと、"come from"の意味が、"〜出身"ではなく"〜から来た"になっちゃうんだ**」

「だから"いつ来たの?" って言われたんだ。"come from"のままでよかったんだね」

「そう、**英語では絶対に変わらないことや、真理や習慣は、現在の言葉で話す**んだ。こういうこともはっきりさせるのが英語の特徴なんだ」

「I come from Nagasaki.」

「これで、きみが長崎出身だってわかってもらえるね」

Teacher's Summary

先生のまとめ

世の中には昔からずっと変わらないものがあります。
The earth is round.
（地球は丸い）
Human being is one of animals.
（人間は動物です）

また、ことわざのようなものは人生の真理を言い当て
ているためか、現在形がほとんどです。
There are no shortcuts to anything.
（なにごとにも近道はない）

出身地もそうですが、**過去からずっと変わらないこと
を伝えるときは、現在の言葉にするのが英語のルー
ル**。昔からそうだから、過去の言葉で話してもよさそ
うですが、過去の言葉にすると意味が変わってきます。
たとえば、「地球は丸かった」と話すと、丸くなかった
頃もあるの？　今は丸くないの？という疑問がわいて
きてしまうのです。
変わらないもの、変わるものをはっきり区別するのも
英語の特徴なのです。

 Words & Phrases　shortcut：近道、早道、抜け道

4 今も続いていること

> 雨が急に降り出して
> 傘を取り出した彼女に僕が

僕　　**I lost my folding umbrella.**
彼女　Oh, did you?（そうなんだ）
僕　　（傘がないって言ってるのに、傘に入れて
　　　くれないなんて……）

 folding umbrella：折り畳み傘

Chapter 3　2の箱に入れるもの

「あらら……雨に濡れて帰るしかないね」

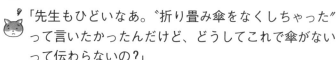「先生もひどいなあ。〝折り畳み傘をなくしちゃった〟って言いたかったんだけど、どうしてこれで傘がないって伝わらないの?」

「きみの言葉だと、〝折り畳み傘をなくしました〟という意味になって、**今、傘を持っているのか、持っていないのかわからない**からね。持っていると思われても仕方がないよ」

「でも、折り畳み傘をなくしちゃったって言ったら、今持っていないに決まってると思うけど」

「残念ながら、英語ではそう取られない。英語は、それがいつの話なのか、いつからいつまで続いているのか、時間軸もはっきりさせないといけないんだ」

「じゃあ、傘をなくしちゃったって言わずに、傘を持ってないと言えばよかったの?」

「そう言ったほうが早いけど、**傘をなくして今も持ってないと言えればいいんだよね?**」

「そうだけど、そんなことが言えるの?」

「英語には〝過去のことが現在まで続いています〟と伝える表現があるんだ」

「そうなんだ。それは便利だね。で、どうするの?」

「2つ目の箱に注目するんだ!」

「OK! 2の箱には〝なくした〟、が入っているよね」

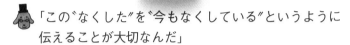

なくした

🐶「この "なくした" を "今もなくしている" というように
　伝えることが大切なんだ」

🐱「lostではだめだったということだね。どうするのか
　教えて!」

🐶「1と2の間にhaveを入れて、その後に続いているこ
　とを表す言葉を入れないといけない。これがいわゆる
　過去分詞と言われるものなんだ」

🐱「I have lost my folding umbrella.」

🐶「よしOK!　これで傘に入れてもらえるよ」

先生のまとめ

日本語にも英語にも、過去は過去のこと、現在のことは現在のことだとわかるような表現方法があります。**なんでもはっきりさせるのが基本の英語では、時間についても過去、現在、未来をはっきりさせます。** その表現方法のひとつにあるのが、過去から現在まで続いていることを表現する方法です。

❶ 過去にあったことを3つの箱で整理し英語にする。

このままだと過去の出来事を伝えることになります。

❷ 1と2の間にhaveを入れ、2に入っている言葉を過去分詞にする。「過去」を現在も持っている感じです。

これで、過去に起きたことが現在まで続いていることになります。

⑤ 確実に起こる未来

> 電車に乗っているときに、
> おばさまに次の駅を聞かれた僕は

僕　　　　**The next station will be Shibuya.**

おばさま　It won't be Shibuya?
　　　　　（えっ、渋谷じゃないかもしれないの?）

僕　　　　（そんなわけないでしょ!　なに言ってん
　　　　　の!）

「"次の駅は渋谷です"って言ってるのに、信じてもらえなかったみたい」

「それは"次の駅は渋谷だろう"ときみがあいまいな回答するからだよ。相手がとまどうのも無理はないよ」

「どこかおかしいかな?」

「うん、おかしいところがある。その原因は2の箱のところ。きみの使っていた"will"にある」

「え? だって、これから電車が停まる駅だから、未来を表す"will"を使ったんだけど……」

「未来のことを言うのだから"will"。間違っているわけではないんだけどね。ところで確認するけど、次の駅は渋谷でないこともあるの?」

「先生まで……。この場合、次に停まる駅は渋谷しかありえないよ」

「だったら、次の駅が渋谷になることは確実。つまり、確定している未来だよね。そういうときは、"渋谷だろう"とか"渋谷でしょう"と言わずに、"渋谷です"とはっきり言わなくちゃ」

「とはいっても、どう言えばいいの?」

「3つの箱で頭の中はきちんと整理されているね。この中で2の箱に注目だ」

「ええと……2の箱は〝です〟だね」

次の駅 ＋ です ＋ 渋谷

「そう。ここが今回のポイントなんだけど、**willを使わないでそのままの形で英語にしてみて**」

「どうして?」

「**未来とはいえ変わることのないことだからね。** そういう場合は出身地のときと同じような考え方で、willは使わないんだよ。むしろ、使うことで相手を混乱させてしまうから要注意だよ」

「The next station is Shibuya.」

「それなら次の駅を聞いてきた人も安心だね」

Chapter 3　**2の箱に入れるもの**

先生のまとめ

未来のことを話すときは「will」を使いましょうと英語の授業で習いますよね。間違っているわけではありませんが、**未来のことを、現在のこととして話すほうが適切なときがあります。それは、確定している未来について話すとき**です。

Tomorrow is Friday.
（明日は金曜日です）

The meeting starts at 3 o'clock on Monday.
（ミーティングは月曜日の3時からです）

The next intersection is a junction of three streets.
（次の交差点は三差路です）

未来に起きることが確定していることなのか、予想や予測に基づく発言なのか、はっきりさせるのも英語です。確実に起こることなら、未来のことであっても、現在のこととして話します。

 Words&Phrases　intersection：交差点　junction：合流点

❻ 前から決めていること

[彼女と話をしているときに僕が]

僕　**I will take a trip to New York next week.**

彼女　Next week! We have a festival, so you should go there next month.
（来週はお祭りがあるから来月にしたら）

僕　（もうチケットも買ってるし無理なんだけど……）

Chapter 3　2 の箱に入れるもの

「NYに行くのキャンセルするの?」

「それは無理だよ。もうチケットも買って、ホテルだって予約してるんだから」

「でも、**きみははっきり旅行に行くって言ってないよ**」

「えっ、言ってない?」

「きみの言い方だと相手には**"NYに旅行に行くかもしれないし、行かないかもしれない"と言っているように伝わってしまうんだ**。だから、平気で"来月にしたら"と言ってるんだよ」

「ええ! そうなの? 僕が行くって言っているのだから、そう決まっていることだってわかってもらえないものなの?」

「**英語では相手にわかってもらおうとしても無理**。はっきり決まっていることだと言わないと伝わらないよ」

「じゃあ、すでに決まっていることだと伝えるには、どうしたらいいの?」

「3つの箱の分け方には慣れてきているから、これからは2の箱の使い方をはっきりさせよう」

「2の箱に入っている〝旅行に行く予定です〟を訳すのに、僕はさっき、予定だからwillを付けたんだけど」

「惜しい！ 実は英語では、**いつ決めたのかをはっきり示さないといけないんだ**」

「英語はそれもはっきりさせたいの？」

「そうなんだ。**話をしている、まさにその時に、そうしようと決めたのなら、willを使うんだけど、話をする時にもうすでに決めていたのなら〝be going to〟を使うんだよ**」

「そうなんだね。僕の場合は、話をしていた時にはNY行きは決めていたから…
I'm going to take a trip to New York.」

「そう、その通り！ これできみが来週NYに行くのは決まりだね」

先生のまとめ

確定している未来について話すときは、現在のこととして話すほうが適切な場合があるという話をしましたが、将来の予定を話すときもそうなる場合があります。**基準になるのは、これから起きる未来のことに前提があるかどうか。**

willを使う場合

●来週のホームパーティーは、スペイン料理を考えている

●夏休みに映画を観に行こうと思っている

●年末年始に帰省しようと考えている

be going toを使う場合

●来週のホームパーティーは、スペイン料理にするために、材料を買ってきている

●夏休みの映画鑑賞のために、予定を空けている

●年末年始の帰省のために、チケットを手配している

このように、同じ未来のことでも「will」と「be going to」を使い分けられるようにしましょう。

「will」は、その時に質問されて、その時に「〜しようと思う」と答える感じです。すでに用意・準備している時は「be going to」を使いましょう。

7 話の向かう先

[友だちにパーティーに
誘われた僕は]

僕　　**I will go.**
友だち　That's too bad.　I'll give you a rain
　　　check.（残念！　また誘うね）
僕　　（なんで？　僕は行くよって言ってるんだ
　　　けどな……）

Chapter 3　2の箱に入れるもの

「せっかくのお誘いを断ったんだ」

「〝行くよ〟って言ったつもりなんだけど…」

「2の箱に入れた言葉を間違えてしまっているね」

「2は行く予定だから、will goでいいのではないの?」

行く
予定です

「誘われた今決めたことだから、willを使ったというところはよかった。でも、**きみが〝go〟と言うから、〝どこかへ出かける〟と伝わってしまったんだよ**」

「だって、〝go〟は行くでしょ?」

「実は、**〝行く〟という言い方には2種類あって、1つは〝go〟。これは中心点から離れるときに使う。逆に近づくときは〝come〟。**友だちとの会話の軸はどこにあると思う?」

「それはパーティーだね」

「だとすると、〝go〟と言うと離れることになるよね。ということは?」

「I will come.」

「これできみもパーティーに参加だね」

先生のまとめ

Teacher's Summary

学校で教わる「go」と「come」は「行く」と「来る」。
実は正確には**goは中心点から離れる行為で、come
は中心点に近づく行為を表す**言葉です。会話の軸が
「私」や「私たち」のときであれば、「行く」「来る」と
覚えておいても差し支えありませんが、軸が変わると
逆になることもあります。

たとえば、「私の夢が実現する」という日本語は
「My dream comes true.」という英語になりま
す。夢は向こうから近づいてくるものではなくて、夢
が中心点で、こちらから近づいて到達するということ
ですね。

同じような言葉に「take」と「bring」もあります。
日本語では「取る」「持っていく」になりますが、中
心点から「持ち去る」のがtake、中心点に「持って
くる」のがbringです。
「go」と「come」と同じように、「話の中心点」がど
こにあるかを考えて使うようにしましょう。

Chapter 3 ／ 2の箱に入れるもの

8 起こりうる可能性

[フットサルの試合に挑む僕。
友だちに]

僕 **Miracle may happen.**

友だち You're so discouraged!
A miracle can't happen.
(そんな弱気じゃ奇跡は起きないよ)

僕 (みんなを励ますために、そう言ったんだけどな……)

 Words & Phrases

discouraged：
弱気になる、落胆する

「〝奇跡は起こるよ〟って言いたかったのにがっかりさせちゃったみたい」

「〝奇跡は起こるかもしれない〟というように伝わってしまっているよ。実はここでも、2の箱の使い方に、ちょっとしたコツがあるんだ。とりあえず3つの箱で考えてみよう」

「2に入るのは〝起こる〟だけど、どう言えばよかったの?」

「この場合は、**3には何も入らないよ**」

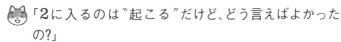

起こる

「ここで可能性を表すものとして〝may〟を使ったと思うんだけど、実は、**〝may〟を使うと自信がないように聞こえてしまうんだよ**」

「えっ! 〝may〟は希望のある言葉ではないの?」

「これからのことを予測する言葉だけど、可能性は弱い。**一番可能性が高いのは〝will〟。可能性が半々なら〝can〟を使うんだ**」

「A miracle can happen.」

「奇跡が起こるのは五分五分。これで友だちも納得だ」

Teacher's Summary

先生のまとめ

これから起こることを伝えるときは、自信があるのか ないのか、その可能性の度合いをはっきりさせること も英語の特徴です。
可能性の度合いを伝える言葉は大きく分けて3段階。
強い順番に並べると

1 will
2 can
3 may

will、can、mayは、would、could、mightと過去 の言葉にすると、可能性は弱まります。

「maybe」は、言葉の響きからもなんとなく希望が持 てる言葉に聞こえますが、**実は自信のないときに使う 言葉**。「かもしれない」という、実現の可能性が低い ときに使う表現です。

強制に効くスパイス

[ミーティングへの参加を
後輩に促す僕]

僕　**You should come to the meeting.**

後輩　I'll join you if I have time.
（時間があれば参加します）

僕　（おいおいおい……。絶対参加だって言ってるのになあ……）

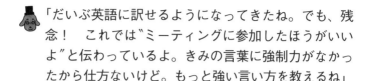「だいぶ英語に訳せるようになってきたね。でも、残念！ これでは"ミーティングに参加したほうがいいよ"と伝わっているよ。きみの言葉に強制力がなかったから仕方ないけど。もっと強い言い方を教えるね」

「また2の箱か。"参加するべきだよ"はどう言えばいいの?」

「そうだね。ここで英語に訳すんだけど、ひとつポイントがある。**英語では、相手に何かを強制する場合、相手にどのくらいの圧力をかけてやらせるか、その度合いについても言葉ではっきり示す**んだ」

「つまり、"やらなきゃやばいよ"っていう雰囲気を、はっきり示すってことでしょ?」

「そう、その通り」

「そう思って、shouldを使ったんだけど」

「実は、きみが使った**shouldでは"参加したほうがいいよ"くらいにしか伝わらない**んだよ」

「え！ そうなの? 僕の言い方では、全然強制力がなかったんだ」

「強制の度合いを示す言葉には、"had better"や"must"、"should"などがあるんだけど、"should"は実は強制力が一番低いんだ」

「あらあら……それじゃあ誰も参加しないだろうな」

「ビビるくらい強制力をもたせたいなら、強い強制力を持った"had better"を使ったほうがいいよ」

「You had better come to the meeting.」

「よし！ "had better"で強制力はバッチリ！ きっと後輩はミーティングに参加するよ」

「よかった」

「ちなみに、3の箱には、いろいろな情報が入れられるから、たとえば、"社長が来るから"とか理由をつけて、いっそう後押しすることもできるんだよ」

「3の箱にはたくさん言葉が詰め込めるんだね」

「そうなんだ。次のChapterで詳しく説明するね」

先生のまとめ

誰かに指示を出すときやアドバイスをするときは、強制力があるかないかが、言われた本人の行動に影響するものです。強く言われないと、誰もなかなか行動しないものですよね。

英語は、この強制力もはっきりしています。
表現する言葉は大きく分けて3段階。強制力が強い順番に、

① had better
② must / have to
③ should

had betterはかなり強制力が高い表現なので、状況によっては高圧的に受け取られることもあります。使うときは気をつけるようにしましょう。
本人はやさしくアドバイスしたつもりでも、相手に恐怖心を与えることもあります。上下関係が明確なときだけに限定するほうがいいかもしれませんね。

Chapter 4

３の箱
に入れるもの

3つ目の箱は1の箱と
2の箱に入るもの以外が
すべて入る便利な箱。
使い方によりいろいろな
情報が伝えられます。

[上司に理不尽なことで怒られて
落ち込んでいる友だちに]

僕　　　**You are right.**

友だち　What? Who said that?
　　　　（何だって？　誰がそう言ってるのさ？）

僕　　　（僕がせっかく励ましてるというのに、ち
　　　　ょっとムッとするなんて、どういうことだ
　　　　よ……）

「きみは何を伝えたかったの?」

「日本語で言えば、〝きみが正しいよ〟ということ。3つの箱で、きちんと整理して、英語を話せたと思ったんだけど」

「なるほどね。**これは誰の考えなのかな?**」

「僕自身の言葉だよ。それが何か問題なの?」

「実はそこが大切なポイントなんだ。英語では、**自分がそう思っているんだってことをちゃんと言わなきゃ**だめなんだよ」

「え?　僕の口から出た言葉なのに、いちいち僕が思っているって、言わなきゃいけないの?　言わなくても、僕が言ってるんだから、僕の言葉だってわかるじゃない」

「残念だけど、英語では、そういうふうに相手に受け取ってもらえないんだ。**ちゃんと自分の考えだということを相手に伝えなければならない**んだよ」

「そっか……だから友だちが〝誰がそう言っているのさ?〟って言ったんだね」

「**言葉や思い、考えの出所をはっきりさせるのも、英語の特徴**なんだ。だから、よく"I think""I hope"を使うんだよ」

「そうなんだね。ちゃんと〝僕は思う〟と言わないといけないのか」

🎩「では、確認のため、3つの箱を使って英語にしてみ
ようか」

🐕「OK!　でも1に僕、2に思うを入れてしまうと、ぼく
の思ったことはどうすればいいの?」

僕　　　　　思う　　　　　???

🎩「そうなんだ。**3の箱は、1と2の箱に入らないけれど
相手に伝えたいことを入れる箱。ここでは、3の箱に
はきみが思っていることが全部入る**んだよ」

🐕「そうか。ここに〝きみが正しい〟がそのまま入るんだ
ね」

🎩「そういうことなんだ。3の箱の中身は、**さらに、1、2、
3の3つの箱**に分けられる。きみが英語に訳したyou、
are、rightが入るんだ」

🐕「なるほど」

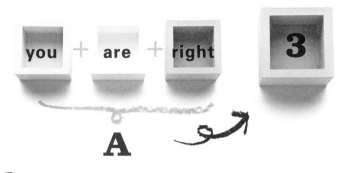

「よし、では3の箱の中身が長いから、**仮にAとおいて全体をみてみよう**」

「僕、思う、A」

「ではすべて英語にすると」

「I think you are right.」

「これで、相手がムッとしないで聞いてくれるよ」

Chapter 4　3の箱に入れるもの

先生のまとめ

日本語では、あえて言葉にしなくても、あなたの発した言葉は、あなたが考えていることだと伝わりますが、英語ではそうはいきません。**ちゃんと「I think」もしくは「I hope/ wish」などを付けないと、あなたの意見なのか、一般論なのか、それとも誰か別の人の意見なのか、相手にはわかりません。**

相手を励ましたり、アドバイスをしたりするときは、I thinkなど自分の意見だということを主張する言葉を付けて、相手に今の言葉があなた自身の言葉だと思ってもらえるようにしましょう。

もちろん、あなたの発する言葉が、一般論や誰かが言っている言葉なら、それもしっかり伝えるようにしましょう。「誰の」意見か決まったら、あとは3つの箱に整理すると、思いが伝わる英語になります。

② それが何か
はっきりと

[友だちと昨夜の食事について
話していた僕は]

友だち　What did you have for dinner last night?
（昨日の夜は何を食べたの?）

僕　　　**I ate a chicken.**

友だち　One whole chicken?
（えっ、まるごと1羽?）

「"夕食はレストランでチキンを食べたよ"と言いたかったんだけど、うまく言えなかった。しかも、友だちなんだかすごく驚いてるね。どうしてかな?」

「きみはまだ3の箱がうまく使えていないね。言いたいことが伝えられていない」

「1の箱には "僕"、2の箱には "食べた" が入るのはわかるんだけど、それからどうしたらいいのかわからないんだ」

「3の箱には、"何を""どこで""いつ"といった1と2の箱だけでは伝えきれない情報をすべて入れるんだ。つまり、残りのきみの言いたいことが全部3の箱に入るということだよ」

「3の箱には "チキン""レストランで""夕食に" が入るということだね」

「そういうこと。これを英語に訳せばいいんだけど、3の箱の使い方で、今回注目したいところがある」

「それが、僕の言ったことに友だちがびっくりしていた原因かな?」

「そう。実はきみの言った英語だと、"僕は鶏を丸ごと1羽食べました"と言っていることになってしまうんだよ」

「まさかー! そんなこと言ってないよ! 鶏肉を食べたって言ってるだけ」

「"a chicken"と言うと、まるごと1羽の意味になってしまうんだ。鶏肉だったら"chicken"」

「どういうこと? どう使い分ければいいの?」

「鶏も鶏肉も英語では"chicken"。でも、鶏は数えられるけど、鶏肉は数えられないから、"a"を付けるか付けないかで、英語では、鶏か鶏肉かを表しているんだ。a/ anは形がはっきりしている、多くのものの中の1つという意味になるんだ」

「なるほど! そういうことだったんだ。英語はすごく小さいことにもこだわるんだね」

「そうなんだ。いろいろはっきりさせたいのが英語だからね。では、あらためて英語に訳してみてごらん」

「I ate chicken in a restaurant for dinner.」

「OK! これで誤解されずに伝わる英語になった」

先生のまとめ

実は、**数字にこだわるのも英語の特徴です。とくに1つなのか、2つ以上なのかがはっきりしています。** だから、数えられるものは、1つなのか、2つ以上なのか区別して伝える必要があるんですね。

たとえば、「卵を買ってきて」と誰かに頼んだとしましょう。日本人ならいつも買っている卵をイメージして、おそらくパックで買ってくる人が多いと思います。ところが英語だと「an egg」と言ったら、買ってくるのは1個。パックで買ってきてほしいなら「a pack of eggs」と複数形で言わないとダメなんです。

2つ以上であることを伝えたいときは、とりあえず言葉の最後に「s」を付けておきましょう。そうしておけば、相手が勘違いすることは少なくなるはずです。

③ 言いたいことが たくさんある

[**仕事の帰りに
友だちと話していた僕は**]

友だち　Do you go to gym?
　　　　（ジムに行ってるんだって?）

僕　　　**Yes, I go to gym... but...**

友だち　Great! Let's go together tomorrow
　　　　evening!
　　　　（じゃあ明日の夜、いっしょに行こうよ!）

僕　　　（そう言われても、スポーツは好きじゃな
　　　　いから行きたくないよ）

Chapter 4　3の箱に入れるもの

「明日、筋トレ?」

「いや、断りたいんだ。〝ジムには行っているけど、スポーツは好きじゃないから、行くのは好きじゃないんだ〟と言いたかったんだけど、言いたいことがいっぱいで、どう言えばいいのかわからなくて……」

「これまで通り、3つの箱を使って整理すれば英語にできるよ」

「1の箱に〝僕〟、2の箱に〝行く〟、を入れたら、後は全部3の箱に入れるんだよね。でも、そうすると、**3の箱がいっぱいになっちゃって、頭の中がごちゃごちゃ**」

「そういうときは、**文章を短くする**といいよ。この場合、**きみが言いたいのは、今は1つの文章になっているけど、内容はいくつかの文章に分けられる**んじゃないかな?」

「なるほど。〝僕はジムに行っている〟〝僕はスポーツは好きじゃない〟〝僕はジムに行くのは好きじゃない〟この3つに分けられる」

「それらを別々に英語に訳すとどうなる?」

「I go to gym.
I don't like sports.
I don't like to go to gym.」

「それだけでも十分伝わるんだけど、どうしても1つの文章で言いたいときの方法を教えよう。きみが一番言いたいことは?」

「〝ジムに行っている〟ということ」

「では、これを基本の3つの箱に入れる。それから、補足情報として、3の箱の中に、あとの2つの文章を組み込んでいく。そしてここがちょっとしたポイントなんだけど、**文章をつなげるとき、前後の文章がどういう関係にあるのかわかるように、たとえば、理由ならbecause、条件ならif、結果ならsoといったような接着剤の言葉をつけるんだよ**」

「〝僕はジムに行く〟でも〝僕はスポーツは好きじゃない〟だから〝僕はジムに行くのは好きじゃない〟となるね」

「〝でも〟にはbut、〝だから〟にはsoを入れる」

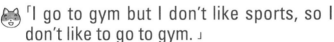「I go to gym but I don't like sports, so I don't like to go to gym.」

「よし！　ちゃんと伝わる長い英語が言えたね!」

先生のまとめ

このように、3の箱には、1と2の箱に入らない情報をすべて入れることができます。

3の箱には、さらに3つの箱で分けることができる、独立した文章が入ることもあります。それも、1つではなく、複数入ることがあります。

つまり、3の箱には、**理由を述べたり、結果を説明したり、あるいは条件を示したり……。1と2の箱に入りきらなかった情報を説明する文章を、そのまま入れることができるのです。**

そのときに、必要になるのが、文章の関係性を表す接着剤となる言葉です。

では、そういったときによく使う便利な言葉をいくつか紹介しましょう。
●並列的に並べるとき　and
●反対のことを言うとき　but
●理由を説明するとき　because
●結果を説明するとき　so
●条件を説明するとき　if
●いつのことなのか説明するとき　when
用途に合わせて、ぜひ使ってみてくださいね。

4 理由をはっきり説明する

[友だちと
朝食の話になった僕は]

僕	**I eat the bagel every morning.**
友だち	Are you tired of eating the same bagel every day?
	（毎日同じベーグルで飽きないの？）
僕	（毎日、同じものを食べるなんて言ってないんだけどなあ）

「ほんとに飽きないの?」

「ベーグル大好きだからね。でも同じベーグルは食べてないって。シナモンレーズンとか、メープルとか、いろんな種類のベーグルを食べてるよ」

「じゃあ、そう言わないと友だちには伝わらないよ。きみの言い方では〝毎日同じベーグルを食べてます〟って聞こえてしまうよ」

「〝ベーグルが好きだから毎朝ベーグルを食べているんだ〟と英語で言いたいんだけど、どう言えばいいかな?」

「今回の文章は長いから、3つの箱で整理してみよう」

「1の箱に〝僕は〟、2の箱に〝食べる〟。そして、3の箱には残りの言いたいことがすべて入るんだよね」

「そうだよ。入れてみて」

「3の箱には〝ベーグル〟、〝僕はベーグルが好きだから〟が入ることになる。あ! この場合も、**〝僕はベーグルが好きだから〟っていう部分は、また3つの箱で整理できそうだね**」

「そう、これまで何度か説明しているけど、**3の箱の中にはさらに1と2と3の箱が入ることがある**」

🐕「そうすると、3の箱の中で、さらに "僕は" "好き" "ベーグル" に整理できるってことか」

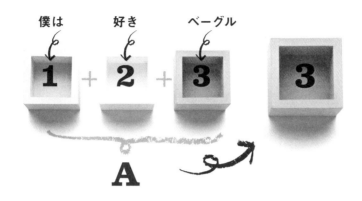

僕は　好き　ベーグル

1 + 2 + 3 → 3

A

🎩「その通り。そうそう、そうやって言葉を整理して英語に訳してみて」

🐕「I eat the bagel every morning I like bagels.」

🎩「うわー惜しいな。惜しいポイント1つ目は、3の箱。この中に "〜だから" と理由を説明するものがあるよね。**その文章のかたまりには、それが理由だってことがすぐにわかるように頭にbecauseをつけよう**」

🐕「I eat the bagel every morning because I like bagels.」

🎩「そして惜しいポイント2つ目。今回友だちの誤解を招いたベーグルの表現の仕方だね。いろんな種類のベーグルを食べているということを言うにはどうしたらいいと思う?」

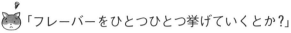「フレーバーをひとつひとつ挙げていくとか?」

「そんな面倒くさいことできないよね?　**ポイントは、"the"にある**」

「え?　"the"?　実は、"a"か"the"か迷ったんだけど、"the"のほうが特別な感じがして"the"を付けたんだ」

「残念。"the"を付けると、"そのベーグル"と限定されてしまうから、毎日決まった同じベーグルということになるんだ。"a"なら、たくさんあるベーグルの1つを指すことにもなるから、ベーグルっていうパンの種類のうちのどれか1つを食べていることになるんだ」

「すっごく小さな言葉の違いなのに、そんなに大きな違いがあるんだね

I eat a bagel every morning because I like bagels.」

「これで言いたいことがすべて言えたね」

先生のまとめ

英語でもっともよく使われる言葉は「the」なのだそうです。
それだけ英語は、「この○○」とはっきりさせたい言語なのでしょう。

「the」を付けると、一般的なものを総称する言葉が、ある1つを特定する言葉になります。
たとえば、a chicken と the chicken。
前者は多くのものの中の1つ（one of）の意味ですから、「鶏1羽」「1羽のにわとり」になりますが、後者は、前後関係や話の流れで、比内地鶏や名古屋コーチンなど、どれか特定のにわとり、あるいは鶏肉を指すことになります。

具体的あるいは形が明確なものがたくさんあって、その中のなにか1つと言いたいときには、a/ an。
たとえば、物語のはじめで「1人の女の子がある美しい村に住んでいました」なら、A little girl lived in a beautiful village.となり、物語の中で「その女の子」と特定化されれば、次からは、The girl ...「その女の子は〜」となります。これが英語のルールなのです。

[新しいペンケースを買った僕は
友だちにアピールする]

僕　　**I bought a leather, black little
pencil case.**

友だち　Excuse me, what pencil case is?
（えっ、どんなペンケースだって?）

僕　　（だから今、説明したじゃん）

「友だち、どんなペンケースか全然わかってなかったね」

「すごく具体的に丁寧に説明したんだけどな……」

「3つの箱の使い方はだいぶ上達してきているんだけど、3の箱の中で、きみがペンケースに付けた**説明の順番が少し違った**んだ」

「**説明するのに順番がある?** それはどういう順番なのか教えて!」

「**英語を話す人たちの間では、この順番が暗黙のルールになっている**んだ」

「暗黙のルールか……」

「そう。英語を話す人の思考回路が、この順番で情報を理解するようになっているから、この順番で話をしないとちゃんと理解してもらえないんだよ」

「なるほど。それはいったいどういうルールなの?」

「基本は、**誰が見ても変わらず、具体的で、はっきりしている特徴がいちばん最後にくる**ということ。厳密には細かいルールがあるんだけど、これだけ覚えておけば大丈夫」

「というと? ペンケースの場合はどう言えばいい?」

「**誰が見ても変わらずはっきりしているのは大きさや色より素材**だから、最後がペンケースの素材の"革"になればいいんだ」

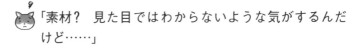「素材？ 見た目ではわからないような気がするんだけど……」

「色や大きさは見る人の主観が入ってしまうから、見る人によって見え方や感じ方が変わってしまうことがある。でも素材は見る人によって変わるということはないよね?」

「なるほど! 覚えておくね」

「3の箱の中の言葉をルールにのっとって並べてみよう」

「大きさ、色、素材、という順番でいいよね」

「そう、そのように並べていつものように英語にしてごらん」

「I bought a little black leather pencil case.」

「OK! これで相手を混乱させずに詳しく説明する英語になったよ」

先生のまとめ

Teacher's Summary

A big red ball.
A red big ball.

日本語なら「大きくて赤いボール」でも「赤くて大きなボール」でも、どちらでも意味は伝わりますし、順番を気にする人はほとんどいないと思います。

ところが**英語は、飾る言葉の順番もはっきりさせるのが基本**。細かいルールがあるようですが、大きく分けると次のような順番になります。

① 数量
② 主観的な意見
③ サイズ
④ 形
⑤ 色
⑥ 材料

⑥ が飾られる言葉のいちばん近くになります。 このまま覚えてもいいですし、「飾る言葉でより具体的なことがいちばん近くにくる」と覚えておいてもいいと思います。

また、具体的にa little black catやa blue Venetian glass vaseなどと英語で覚えておくことをお勧めします。

6 言葉を使い分けて説明する

> ┌ 部長との打ち合わせが終わった後に ┐
> └ 友だちと僕は ┘

僕　　　**He is very large.**

友だち　What? He is short.
　　　　（え？　部長小さいじゃん）

僕　　　（おいおい……。部長の背じゃなくて器量
　　　　のことを言ってるんだけどな）

「部長は確かに見た目は小さいけど。〝彼は器の大きな人だよね〟って言いたかったんだけど……」

「説明しようとしたのに、3の箱に入れた英語の使い方を間違えて、誤解されてしまったね。きみの言い方では〝あの人は体格が大きい〟となってしまうんだ。きみは〝器量の大きい人〟と言いたかったんだよね」

「そう。だからラージサイズの〝large〟を使ってみたんだけど」

「それが間違い!」

「〝large〟って〝大きい〟っていう意味だよね?」

「でも、それはサイズのこと。**〝large〟は、大きいか小さいか、という事実を伝えるときに使う言葉**なんだ。ここで使うなら〝big〟が正解」

「〝big〟も大きいっていう意味だけど。どこが違うの?」

「〝big〟は、感覚的に大きいと思えるときにも使える言葉。器量の大きさは〝large〟ではなく〝big〟を使って表すんだ」

「He is a big person.」

「よし、これで部長は器量の大きな人なんだということが伝わるよ」

先生のまとめ

日本語の「大きい」と「小さい」。英語には2種類あるって知ってますか？

日本語の「大きい」を意味する「large」と「big」。日本語の「小さい」を意味する「small」と「little」。実は、使い方が異なるんです。

「large」と「small」は、定規などで現実的に測定可能な大小を表す言葉で、ある基準があって、その大小を表現する言葉です。だから、SMLと、服のサイズに使われるわけですね（国によってSMLのサイズは違いますが……）。

その一方、**「big」と「little」は、現実的にははかれない、感覚的な大小を表すときにも使えます。**つまり、器量や人格などについては、「big」と「little」しか使えないんですね。
しっかり使い分けるようにしましょう。
Think big!（大きく考えよう！）

7 英語は最初に 結論ありき

[友だちに今からBBQパーティーをするから
おいでよ！と声をかけられた僕]

僕　　　**I have to clean my room and...**
友だち　Umm…then will you come or not?
　　　　（それで来るの、来ないの？）
僕　　　（うわ！　友だち、イライラしてる。今から
　　　　言おうと思ってたんだけど……）

「きみは行くの？　行かないの？」

「先生までいじめないでよ。僕は夕方からいろいろやることがあるから行けません」

「だったら、**行けないって先に言えばいいじゃない**」

「だって、いきなり断るのも悪いなって」

「**相手の心を気づかうところは日本人のいいところなんだけど、残念なことに、英語ではこれがマイナスになってしまうんだ。英語ではとにかく最初に結論がほしい**。そして、最初に結論を持ってくることが親切になるんだよ」

「賛成とか、肯定的な返答ならわかるんだけど、否定するようなことでも最初に言ってしまっていいの?」

「YesでもNoでもどちらでも構わない。とにかく結論が先。それが英語での会話の基本的なルールなんだ」

「せっかく誘われているのに、行かないって言ったら、怒ったりしないかな?」

「結論を言うまでにダラダラ話しているほうが怒られるよ。理由をちゃんと言って、上手に断ればいいじゃない。では、ちょっと長いから、〝部屋の掃除をしてから買い物に行かなくてはいけないので今夜のBBQパーティーに行けません〟を3つの箱に整理して英訳してみよう」

「行かないのは僕だから1は〝僕は〟、それから2は〝行かない〟。あ!　結論が先になってる!」

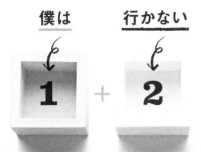

僕は　　　行かない

1 ＋ 2

 「そう、それが英語。そして、残りは3に入る」

 「3は長いね。〝BBQパーティー〟に、〝今夜〟に、行け
ない理由の〝僕の部屋を掃除してから買い物に行かな
くてはいけないから〟が入るんだよね」

BBQ、
今夜、
理由

 「では確認。全体の並びはどうなっているかな?」

 「えーと。前から順に言うと、僕は、行かない、BBQ
パーティーに、今夜、僕の部屋を掃除してから買い物
に行かなくてはいけないから」

僕 ＋ 行かない ＋ BBQ、今夜、理由

「まず、3の箱のうち、**長いものを英語に訳してしまおう**。ちょっとここでアドバイス。"〜しなければならない"は英語では"have to"と言うといいよ。そして、掃除も買い物も"僕"が"しなければならないこと"。つまり"I"と"have to"は両方にかかるものだよね。こういう場合は、後に来るものの分は省略して"and"でつなげるんだ。」

「I have to clean my room and go shopping.」

「OK。それが行けない理由だから、前にも説明したけど、**先頭に一目で理由だとわかるようにbecauseを付**けておこう。そして、1と2の箱と3の残りを、これまで通り、英語に訳していくんだ」

「I can't come to your BBQ party tonight because I have to clean my room and go shopping.」

「バッチリ！ **これで結論を言ってから理由を言う英語の流れになった**。相手をイライラさせない長い文章を言えるようになったね!」

先生のまとめ

英語は最初に結論を言うのが基本です。
賛成も、反対も、肯定も、否定も、**とにかく最初に
「Yes」か「No」を答えるのがルール**。意思表示をし
てから、その理由が続きます。「Yes」と言った後に続
く話が、途中から「No」に転じることはありません。

でも、このとにかく最初に意思表示、というルールが、
日本人はどうも苦手です。
最後まで聞かないと「Yes」か「No」かわからない
会話に慣れていることもあって、いきなり結論を言う
ことに対して、どこか違和感があるんですね。自己主
張が苦手な日本人にとっては、「最初に結論」は、な
かなか高いハードルかもしれませんね。

でも安心してください。1、2、3の3つの箱に放り込
んで日本語を英語にすることに慣れてくると、結論が
最初にくる流れに違和感がなくなってきます。
それはなぜかって？ **1、2、3の順番は、そのまま結
論が先にくるようになっているんです**。だから、3つ
の箱は頭の中を整理するのにぴったりなのです。

Chapter 4 ｜ 3の箱に入れるもの

147

いかがだったでしょうか？
英語を話すときにとても便利な

3つの箱のこと、

少しわかっていただけましたでしょうか？

英語はとにかく
なんでもはっきりさせたい言葉。

英語を話すときは、
まず、この3つの箱を使って
「誰が」「何を」「どうするのか」
頭の中を整理するようにしましょう。

すると、自然に英語アタマになれるので、
英語がスムーズに口から出てくるようになり
ます。

難しい文法のことは
いったん忘れてしまいましょう。

とにかく、3つの箱の効果を信じてみて！
3つの箱を使って
頭の中の日本語を整理して、
どんどん英語に変換してみてください。

きっと想像以上にスムーズに
楽しく英語が話せる自分に
びっくりすることでしょう。

さあ、英語ペラペラへの
最初の一歩を
いっしょに踏み出しましょう。

接客で使える英語

3つの箱で英語のコツがつかめたら、あとは自分に役立つ「英語」を増やしましょう！ ある状況や場面でよく使う英語、定番の英語表現を覚えるとともに、自分の目的に合わせて英語を「カスタマイズ」していけば、リアルな英語が身に付きます。

例えば、「接客英語」です。レストランやカフェ、ハンバーガーショップ、ドーナッツショップや居酒屋など、接客業でよく使う英語表現があります。接客中に英語で話しかけてくる人がいたら⁉ さあ、どうする‼ 3つの箱の復習を兼ねて、接客英語をカスタマイズしてみました。5語くらいのシンプルな英文ですが、「使える」ものばかりです！ このようなよく使う英文をたくさん覚えていくことが、英語を話せるようになるコツです。

入店

～へようこそ。 いらっしゃいませ。	Welcome to XXX. / Hi! May I help you? ※高級デパートやブランドショップなら、 How may I help you?
何名様でしょうか？	How many?
おタバコは お吸いでしょうか？	Do you smoke, sir(ma'am)?
ただいま満席で ございます。	Sorry, no seat / table is available now. / Our tables are full now.
こちらの紙にお名前を お書きください。	Your name, please, here. / Fill in your name here.

少々お待ち下さい。	Just a moment, please. ※Wait. とは言わない。
お待たせしました。	Thank you for waiting.
お次のお客さま、どうぞ。	Next. ※お客さんと店員は対等。
アルコール消毒の ご協力をお願いします。	Please sanitize your hands. / Please use the hand sanitizer before entering.
両手をしっかり 洗ってください。	Wash your hands well.
マスクの着用を お願いします。	Please wear a face mask.

案内

お待ちの、○□様。	Paging Ms.xxx. / Mr. xxx, we're ready.
お好きな席でどうぞ	Take your seat. / Take your table.
ご案内します。	Follow me, please. / This way, please.

注文

ご注文はお決まり でしょうか?	Are you ready to order?
お決まりの際は、 このボタンを押してください。	Push this button when you're ready (to order).

付録 接客で使える英語

ご注文を繰り返させて いただきます。	I'd like to / Let me confirm your order.
他にご注文はありますか？ （ご注文は）以上でよろしい でしょうか？	Anything else? / Is that it? / All set?
もし何かありましたら、 おっしゃってください。	If you have a question, please let me know.
～がお勧めです。	～ is my choice.
～がいまお買い得です。	～ is the bargain now.
～が当店のお勧めです。 ～は当店にしか、ありません。	～ is the specialty here. / You can have this only here.
～が人気商品です。	～ is popular here.
これはサービス（無料）です。	This is on the house.
会計を先にお願いします。	Can you please pay here first, sir(ma'am)?
深夜料金でございます。	It's the late-night charge.
ごゆっくりどうぞ。	Enjoy! / Have a good time.
飲み放題	All you can drink / unlimited drinks / bottomless drinks
二時間飲み放題です。	All you can drink in the first 2 hours./ Bottomless drinks for 2 hours.
3000円で飲み放題	3,000 yen for unlimited drinks

一人当たり300グラムの お肉がきます。	You'll have 300 grams of meat (beef / pork) per person. ※per person：一人につき
この商品は品切れで ございます。	This item is out of stock.
当店では、このケーキが 一番甘いです。	This cake is the sweetest here.
こちらの商品で お間違いないでしょうか？	Are these your order?
何グラム ご用意しましょうか？	How much do you want?
○gですが、これで よろしいでしょうか？	○g, is it all right / are you OK? Some more?
お弁当は温めますか？	We can heat up this lunch.
贈り物ですか？	Do you need gift-wrapping? / Gift-wrapped?
メロンパンが焼きあがり ました！	Melon-shaped (flavored) buns are just out of the oven.
中に餡子とイチゴ一粒が 入っています。	It has bean jam and a strawberry in it.

会 計

合計〜円になります。	That'll be xxx yen. / The total is xxx yen.

1万円、お預かりします。 （1万円入ります。）	Out of 10,000 yen. (ten thousand) ※アメリカでは、1ドル札も100ドル札も色、形、デザインが同じなので、必ず確認する。
ポイントカードは お持ちでしょうか？	Do you have our club card? / the rewards card?
ポイントはお使いになり ますか？／そのままで よろしいでしょうか？	Will you use your points?
50ポイントで500円の 割引になります。	You'll get 500 yen reward for every 50 points.
こちらがお釣りです。	Here is your change.
すみません、当店では 両替はできません。	Sorry. No exchange here.
この割引券、クーポン券は 当店では使えません。	This coupon is not good here.
このクーポンは 当店でしか使えません。	This coupon is good only here. / only at XXX shops.
そちらは3つで 1000円です。	They are 1,000 yen for three.
1つ買うと、 もう1つは無料です。	Buy one, get one free.
お支払いはカードでしょう か、現金でしょうか？	Cash or charge?
クレジット（分割）を ご利用ですか？ 何回払いでしょうか？	Will you pay on time? / Easy payment? How many?

レシートは ご入用でしょうか？	Do you need this receipt?
ありがとう ございました。	Thank you very much. Have a nice day. (weekend / beautiful Sunday / afternoon.)

会計後

お荷物は おまとめしますか？	Can I put these in one bag? / Do you want all in one bag?
手提げ袋は ご利用でしょうか？	Do you need a shopping bag? / this paper(plastic) bag? / this shopper?
温かいものと冷たいものは、 ご一緒に入れても よろしいですか？	Can I put warm things and cold things in the bag?
優待券でございます。 よろしければ、次回 お使いください。	This is the coupon. Please use it when you come again.

山西治男 （やまにし・はるお）

1961年静岡県生まれ。
國學院大學文学部外国語文化学科教授。
英語および英語関連科目を担当。
英語をわかりやすく教えてくれる先生として学生に人気。
著書に、『英語は要領!』(アスコム)、『HAVE FUN!―英語ハンドブック』(DTP出版)、『ポケット版 外来語新語辞典』(成美堂出版) などがある。チャールズ・ブコウスキーやポール・ボウルズなどの翻訳も手がける。また、『現代用語の基礎知識』(自由国民社) では「若者ことば」を担当している。

英語がわかるようになる瞬間

発行日　2023 年 4 月 12 日　第 1 刷

著者　　山西治男

本書プロジェクトチーム
編集統括　　　　柿内尚文
編集担当　　　　村上芳子
編集協力　　　　洗川俊一
カバーデザイン　鈴木大輔、江﨑輝海（ソウルデザイン）
本文デザイン　　細山田光宣+堤三四郎（細山田デザイン事務所）、
　　　　　　　　　藤田ひかる（ユニオンワークス）
イラスト　　　　河合美波
DTP　　　　　　藤田ひかる（ユニオンワークス）
校正　　　　　　中堂良紀（合同会社ア・プリオリ）

営業統括　　　　丸山敏生
営業推進　　　　増尾友裕、綱脇愛、桐山敦子、相澤いづみ、寺内未来子
販売促進　　　　池田孝一郎、石井耕平、熊切絵理、菊山清佳、山口瑞穂、
　　　　　　　　　吉村寿美子、矢橋寛子、遠藤真知子、森田真紀、
　　　　　　　　　氏家和佳子
プロモーション　山田美恵、山口朋枝

編集　　　　　　小林英史、栗田亘、大住兼正、菊地貴広、山田吉之、
　　　　　　　　　大西志帆、福田麻衣
講演・マネジメント事業　斎藤和佳、志水公美、程桃香
メディア開発　　池田剛、中山景、中村悟志、長野太介、入江翔子
管理部　　　　　八木宏之、早坂裕子、生越こずえ、本間美咲、金井昭彦
マネジメント　　坂下毅
発行人　　　　　高橋克佳

発行所　**株式会社アスコム**

〒105-0003
東京都港区西新橋2-23-1　3東洋海事ビル
編集局　TEL：03-5425-6627
営業局　TEL：03-5425-6626　FAX：03-5425-6770

印刷・製本　**中央精版印刷株式会社**

ⒸHaruo Yamanishi　株式会社アスコム
Printed in Japan ISBN 978-4-7762-1285-0

本書は、2018年1月に弊社より刊行された『mini版 日本一簡単なやり直し英語の教科書
作ってみました。』を改題し、加筆・修正したものです。

イラストでイメージがつかめる
英語の前置詞
使いわけ図鑑

清水建二

四六判　定価1,760円
（本体1,600円＋税10%）

ベストセラー著者の新刊 英語初心者から
上級者まで、楽しく前置詞をマスター

◉前置詞のイメージをビジュアルで覚える！
◉実際の例文で具体的な使い方を押さえる！
◉即使える熟語でアウトプット力を強化する！

中学英語でペラペラになる
瞬間英作文入門

森沢洋介

文庫判 定価825円
（本体750円＋税10％）

簡単な英文を瞬間的に作れるようになれば、英会話の力は劇的に上がります！

英語を話すために必要な、3つの要素

- 基本文型を使いこなし、瞬間的に英文を組み立てられる
  能力＝瞬間英作文回路
- 使いこなせる語句
- 実践を通じて得られる慣れ

この本の感想を
お待ちしています!

感想はこちらからお願いします

🔍 https://www.ascom-inc.jp/kanso.html

この本を読んだ感想をぜひお寄せください!
本書へのご意見・ご感想および
その要旨に関しては、本書の広告などに
文面を掲載させていただく場合がございます。

....

新しい発見と活動のキッカケになる
\ アスコムの本の魅力を /
\\ Webで発信してます! //

▶ YouTube「アスコムチャンネル」

🔍 https://www.youtube.com/c/AscomChannel

動画を見るだけで新たな発見!
文字だけでは伝えきれない専門家からの
メッセージやアスコムの魅力を発信!

🐦 Twitter「出版社アスコム」

🔍 https://twitter.com/AscomBOOKS

著者の最新情報やアスコムのお得な
キャンペーン情報をつぶやいています!